Todos los libros de Linkgua Ediciones cuentan con modelos de Inteligencia Artificial entrenados por hispanistas. Pregúntale al chat de tu libro lo que desees acerca de la obra o su autor/a.

Para ebooks: Accede a nuestro modelo de IA a través de un enlace.

Para libros impresos: Escanea el código QR de la portada con tu dispositivo móvil.

Obtén análisis detallados de nuestros libros, resúmenes, respuestas a tus preguntas y accede a nuestras ediciones críticas generativas para una experiencia de lectura más enriquecedora.
La transparencia y el respeto hacia la autoría de las fuentes utilizadas son distintivos básicos de nuestro proyecto. Por ello, las respuestas ofrecen, mediante un sistema de citas, las fuentes con las que han sido elaboradas.

Vasco Núñez de Balboa

Cartas

Barcelona 2025
Linkgua-ediciones.com

Créditos

Título original: Cartas de Núñez de Balboa.

e-mail: info@linkgua.com

Diseño de cubierta: Michel Mallard.

ISBN rústica ilustrada: 978-84-9007-827-3.
ISBN ebook: 978-84-9953-007-9.

Sumario

Brevísima presentación

La vida

Vasco Núñez de Balboa, nació en Jerez de los Caballeros en 1475, y llegó a Panamá con la expedición de Rodrigo de Bastidas en 1501. En Santo Domingo, se dedicó a diversos negocios y, endeudado, se le prohibió salir de la Isla.

Con su perro Leoncico, escapó en uno de los barcos que comandaba el bachiller Martín Fernández Enciso, en la expedición destinada a abastecer al gobernador de Nueva Andalucía. Al ser descubierto, estuvo a punto de ser abandonado en un islote.

Tras la fundación de la población de Santa María de La Antigua, Vasco Núñez y Martín Samudio fueron electos alcaldes de la colonia. Balboa continuó sus expediciones de conquista en Panamá y en una de ellas llegó al Océano Pacífico.

Los numerosos conflictos entre Balboa, Enciso y Miguel de Pasamonte, tesorero de la Española, provocaron su declive. A esto es preciso añadir el enfrentamiento entre Balboa y el nuevo gobernador de la zona, Pedro Arias de Ávila. Aunque en un primer momento Pedro Arias prometió a una de sus hijas en matrimonio a Balboa, el deseo de éste de continuar las conquistas provocó la ira del gobernador.

Arias hizo llamar a Balboa a la villa de Acla donde fue condenado a muerte por traición. La sentencia se ejecutó en enero de 1517.

La fiebre del oro

Como en el caso de otros conquistadores, Núñez de Balboa muestra una prosa encendida y vivaz que transmite el ímpetu del nuevo mundo. Nótese que estas cartas fueron escritas tras quince años de permanencia en el trópico por lo que la visión de Núñez de las selvas de Panamá tiene una precisión insospechada.

Asimismo sus cartas al rey español intentan seducir a la corona con el oro abundante que afirma Núñez que tenían los aborígenes.

Cartas

Carta de Balboa al rey del 20 de enero de 1513:

Cristianísimo y muy poderoso Señor: (...) Principalmente he procurado, por doquiera que he andado que los indios de esta tierra sean muy bien tratados no consintiendo hacerles mal ninguno, tratándoles mucha verdad, dándoles muchas cosas de las de Castilla por atraerlos a nuestra amistad. Ha sido causa tratándoles verdad que he sabido de ellos muy grandes secretos y cosas donde se puede haber muy grandes riquezas en mucha cantidad de oro de donde vuestra muy real alteza será muy servido. (...) Yo he procurado de nunca hasta hoy haber dejado andar la gente fuera de aquí sin yo ir delante, ora fuese de noche o de día, andando por ríos y ciénagas de esta tierra no crea vuestra real alteza que es tan liviano que nos andamos ahogado, porque muchas veces no acaece ir una legua y dos y tres por ciénagas y agua desnudos y la ropa cogida puesta en la tablachina encima de la cabeza, y salidos de unas ciénagas entramos en otras y andar de esta manera dos y tres y diez días y si la persona que tiene cargo de gobernar esta tierra se descuida con algunas personas y se queda en casa, ninguno lo puede hacer tan bien de los que en su lugar envían con la gente que no haga muchos yerros, por donde da causa a perderse él o todos los que van con él, porque no se les da mucho por lo que cumple a todos y lo que más procuran de hacer es de darse al vicio y excusarse lo más que puedan del trabajo (...) Yo, Señor he procurado de continuo de hacer que todo lo que sea habido hasta de lo hacer muy bien repartir, así el oro como guanín y perlas, sacado de los que pertenece a vuestra muy real alteza, como todas las otras cosas, así de ropa como de cosas de comer que el oro, porque teníamos más oro que salud, que muchas veces fue en muchas partes que holgaba más de hallar una cesta de maíz que otro de oro, de tanto certifico a vuestra muy real alteza, porque a la continua nos ha faltado más la comida que el oro, de tanto certifico a vuestra muy real alteza que si yo no hubiera procurado de andar con mi persona delante de todos a buscar los mantenimientos para los que iban conmigo y para los que en esta villa quedaban, que fuera maravilla quedar ni estar en esta villa, ninguno ni en esta tierra, si Nuestro Señor milagrosamente, no quisiera obrar de misericordia con nosotros, la maña que he tenido en el repartimiento del oro que se ha tomado ha sido, que se ha dado a los que lo han ido a tomar dando a cada uno según su persona, quedando todos satisfechos y contentos: de las cosas de comer todas alcanzan parte aunque no vayan a entrar. Quiero dar cuenta a vuestra muy real alteza de las cosas y grandes secretos de maravillosas riquezas que en esta tierra hay, de que Nuestro Señor a vuestra muy real alteza ha hecho Señor, y a mí me ha querido hacer sabedor y me las ha dejado descubrir primero que a otro ninguno y más por lo cual yo le doy muchas gracias y loores todos los días del mundo y me tengo por el más bienaventurado hombre que nació en el mundo, y pues así Nuestro Señor ha sido servido que por mi mano primero que de otro, se hayan hecho tan grandes principios, suplico a vuestra muy real alteza sea servido que yo llegue al cabo de tan gran jornada como esta (...) debe mandar proveer que para el presente vengan hasta quinientos hombres o más de la isla Española, para que con ellos y con los que acá están conmigo, aunque no son más de ciento para guerra pueda proveer adonde sea menester y entrar la tierra adentro y pasar la otra mar de la parte de medio día (...) Muy poderoso Señor, lo que yo con buena industria y mucho trabajo con la buena ventura he descubierto es esto. En esta provincia del Darién hay descubiertas muchas y muy ricas minas, hay oro en mucha cantidad: están descubiertos veinte ríos y treinta que tienen oro salen de una sierra que está hasta dos leguas de esta villa, va su vía hacia la parte de medio día: los ríos que llevan el oro van hasta dos leguas de esta villa, hacia el medio día; esta sierra vuelve por la costa abajo hacia el poniente; desde esta villa para el poniente por esta sierra no se ha visto río de oro ninguno, creo que los hay; yendo este río grande de San Juan arriba hasta treinta leguas sobre la mano derecha está una provincia que se dice de Abanumaqué que tiene muy grande disposición de oro, tengo nueva muy cierta que hay en ella ríos de oro muy ricos: lo sé de un hijo del cacique de aquella provincia que tengo aquí, y de otros indios e indias que aquí están de aquella tierra que yo he tomado: yendo este río grande arriba treinta leguas sobre la mano izquierda entra un río muy hermoso y grande (...) Lo que por esta costa abajo hacia el poniente hay es que yendo veinte leguas de aquí hay una provincia que se dice Careta, hay en ella ciertos ríos que tienen oro, lo sé de algunos indios e indias que aquí están en esta villa no se han ido a bajar por no alborotar la tierra que está de paz porque somos pocos hasta que haya más gente; yendo más la costa abajo hasta cuarenta leguas de esta villa entrando la tierra adentro hasta doce leguas está un cacique que se dice Comogre, y otro que se dice Pocorosa, están tan cerca de la mar el uno como el otro, tienen mucha guerra los unos con los otros, en toda la tierra tiene cada uno de ellos un pueblo y dos a la costa de este mar, de donde se mantienen de pescado la tierra dentro; en casa de estos dos caciques me certificaron los indios que hay ríos de oro muy ricos, están a una jornada de este cacique Pocorosa unas sierras las más hermosas que se han visto en estas partes, son sierras muy claras sin ningún monte, salvo alguna arboleda que está por algunos arroyos que descienden de las sierras. Están allí en aquellas sierras ciertos caciques que tienen oro en mucha cantidad en sus casas; dicen que los tienen todos aquellos caciques en las barbacoas como maíz, porque es tanto el oro que tienen que no lo quieren tener en cestas, dicen que todos los ríos de aquellas sierras que tienen oro, y que hay granos muy gordos en mucha cantidad: la manera como se coge es que lo ven estar en el agua y lo apañan y lo echan en sus cestas; asimismo, lo cogen en los arroyos desde que están secos, y para que vuestra muy real alteza de las cosas de aquellas le envío un indio errado de los de aquella tierra que lo ha cogido él muchas veces: esto no lo tenga vuestra muy real alteza a cosa de burla porque de verdad yo estoy bien certificado de muchos indios principales y caciques. Yo Señor he estado bien cerca de aquellas sierras hasta una jornada, no he llegado a ellas porque no he podido a causa de la gente, porque llega hombre hasta donde puede y no hasta donde quiere, por el canto de aquellas sierras van unas tierras muy llanas, van la vía de hacia la parte de medio día, dicen los indios que está la otra mar de allí tres jornadas: dícenme todos los caciques y los indios de aquella provincia de Comogre que hay tanto oro cogido en piezas en casa de los caciques de la otra mar que nos hacen estar a todos fuera de sentido; dicen que hay por todos los ríos de la otra costa oro en mucha cantidad y en granos muy gordos dicen que a casa de este cacique Comogre vienen indios de la otra mar en canoas por un río que llegan a casa del cacique Comogre y traen oro de minas por fundir en muy gordos granos y mucho: el rescate que les dan por el oro es ropa de algodón e indios e indias hermosas, no los comen como la gente de hacia el río grande, dicen que es muy buena gente de buena conversación la de la otra costa; dícenme que la otra mar es muy buena para navegar en canoas porque está muy mansa a la continua, que nunca nada brava como la mar de esta banda según los indios dicen: yo creo que en aquella mar hay muchas islas, dicen que hay muchas perlas en mucha cantidad muy gordas y que tienen cestas de ellas los caciques y que también las tienen todos los indios e indias generalmente, este río que va desde este cacique Comogre a la otra mar, antes que llegue allá se hace tres brazos y cada uno de ellos entra por sí en la otra mar; dicen que por el brazo que entra hacia el Poniente vienen las perlas a rescatar en canoas a casa del cacique Comogre; dicen que el brazo que entra hacia el Levante entran las canoas con oro por todas partes que es cosa increíble y sin ninguna comparación y pues, que de tan gran tierra adonde tanto bien hay Nuestro Señor le ha hecho Señor no la debe de echar en olvido, que si vuestra muy real alteza es servido de me dar y enviar gente, yo me atrevo a tanto mediante la bondad de Nuestro Señor de descubrir cosas tan altas y adonde puede haber tanto oro y tanta riqueza con que se puede conquistar mucha parte del mundo, y si de esto vuestra muy real majestad es servido para en las cosas que acá son menester de hacer, déjeme vuestra muy real alteza el cargo (...) Muy poderoso Señor una merced quiero suplicar a vuestra alteza me haga porque cumple mucho a su servicio, y es que vuestra alteza mande que ningún bachiller en Leyes ni otro ninguno sino fuere de Medicina pase a estas partes de la tierra firme so una gran pena que vuestra alteza para ello mande proveer, porque ningún bachiller acá pasa que no sea diablo y tienen vida de diablos, y no solamente ellos son malos más aún hacen y tienen forma por donde haya mil pleitos y maldades (...).

Carta del 30 de agosto de 1515:

Muy poderoso Señor para que vuestra majestad no esté engañado, yo como muy leal y muy verdadero servidor y persona que es obligada a su real servicio (...) le quiero desengañar y hacer saber así de las cosas de la tierra como de la persona del gobernador Pedrarias Dávila para que vuestra majestad mande proveer lo que sea servido. En cuanto a la persona del gobernador aunque es persona honrada vuestra alteza sabrá que él es muy viejo para estas partes y está muy doliente de gran enfermedad que nunca ha estado un día bueno y después que aquí vino, es hombre muy acelerado en demasía, es hombre que no le pena mucho aunque se quede la mitad de la gente perdida en las entradas, nunca ha castigado los daños y muertes de hombres que se han hecho en las entradas, así de los caciques como indios, ha dejado de castigar hurtos de oro y perlas que los Capitanes han hurtado en las entradas muy claramente, y Capitán ha habido que dio de lo que haya hurtado seiscientos pesos de oro y no se habló más de ello, y no se sabe la causa porque le han dejado ir a Castilla a este Capitán y a otros públicamente se decían sus hurtos, vimos muchas veces que hay algunas personas de la gente de los que con los Capitanes se iban a las entradas se quejaban de ellos los asombraban de manera que otros no se quejaba ni osaba quejarse en este caso de hurtar hay bien que decir, porque de verdad anda todo muy fuera de razón y sin concierto ninguno; es persona que le place mucho ver discordia entre los unos y los otrosy sino la hay él la pone diciendo mal de los unos a los otros, esto tiene muy largamente por vicio, es hombre que metido en sus granjerías y codicia no se le acuerda si es gobernador ni entiende en otra cosa porque no se le da nada que se pierda todo el mundo o que se gane como si no fuese gobernador. (...) En lo que toca a las cosas de la tierra hago saber a vuestra majestad que es muy rica como otras veces he escrito a vuestra real alteza y muy largo, y que por las grandes muestras que hemos visto se ha de tener por muy cierto principalmente que mucha parte se ha visto por los ojos muy claramente, y porque creo que el gobernador y oficiales de vuestra alteza habrán escrito otra cosa de ella, le hago saber a vuestra majestad que por encubrir su mal recaudo lo harán, porque ha de estar vuestra real alteza cierto y ha de creer sin duda ninguna que le han deservido en tanto grado y en tan gran manera que aunque ellos fueran extranjeros de los reinos de Castilla no lo pudieran hacer peor aunque tuviesen muchas rentas todos ellos, no les bastaría para pagar lo que han destruido y consentido robar y destruir, porque de verdad han destruido a vuestra alteza la mejor gente de caciques e indios y de mejor conservación y domésticos que nunca en la isla Española e islas y tierra de las Indias se ha hallado y en la más hermosa tierra y más sana que se haya visto en estas partes, porque certifico en verdad a vuestra majestad que es la tierra nueva de la Mar de Sur la más hermosa y talantosa y sana que nunca se ha visto en las indias así en las islas como en la tierra firme y porque lo he visto todo lo podré certificar a vuestra alteza (...).

Carta de Balboa al rey, Santa María la Antigua 16 octubre de 1515:

Cristianísimo y muy poderoso príncipe rey nuestro Señor: En el mes de abril de 515 escribí a vuestra majestad una carta y otras dos veces antes haciendo saber a vuestra real alteza las cosas que acá han sucedido desde que aquí llegó el gobernador Pedrarias de Ávila con la armada y así mismo suplicando a vuestra majestad mandase que viniese aquí una persona para que tomase información de todas las cosas que acá sucedido hasta ahora porque está de tal manera la tierra que cumple mucho servicio de vuestra real alteza poner término antes que se pierda todo, porque están ya las cosas en tal estado que el que las hubiere de tornar a poner en el estado en que solían estar le cumple no echarse a dormir ni descuidarse porque adonde los caciques e indios estaban como ovejas se han tornado como leones bravos y han tomado tanto atrevimiento que otros tiempos solían salir a los caminos con presentes a los cristianos y ahora salen a los saltear y los matan reciamente y esto ha sido a causa del mal tratamiento que los capitanes que han andado fuera en las entradas les han hecho porque no ha bastado tomarles las haciendas sino los hijos y mujeres chicos y grandes de lo cual Dios Nuestro Señor ha sido muy deservido y vuestra alteza y demás del deservicio vuestra real alteza ha perdido mucha cantidad de sus Rentas, lo cual de antes estaba enhilado de tal manera que de aquí adelante se hubiera mucho provecho porque en la tierra hay que a Dios gracias (...)

Escritas en Santa María La Antigua de la Provincia del Darién.

Carta de Balboa al rey fechada en Santa María la Antigua de la provincia del Darién el jueves 20 de enero de 1513:

Cristianísimo y muy poderoso Señor: (...) Principalmente he procurado, por doquiera que he andado que los indios de esta tierra sean muy bien tratados no consintiendo hacerles mal ninguno, tratándoles mucha verdad, dándoles muchas cosas de las de Castilla por atraerlos a nuestra amistad. Ha sido causa tratándoles verdad que he sabido de ellos muy grandes secretos y cosas donde se puede haber muy grandes riquezas en mucha cantidad de oro de donde vuestra muy real alteza será muy servido. (...) Yo he procurado de nunca hasta hoy haber dejado andar la gente fuera de aquí sin yo ir delante, ora fuese de noche o de día, andando por ríos y ciénagas de esta tierra no crea vuestra real alteza que es tan liviano que nos andamos ahogado, porque muchas veces no acaece ir una legua y dos y tres por ciénagas y agua desnudos y la ropa cogida puesta en la tablachina encima de la cabeza, y salidos de unas ciénagas entramos en otras y andar de esta manera dos y tres y diez días y si la persona que tiene cargo de gobernar esta tierra se descuida con algunas personas y se queda en casa, ninguno lo puede hacer tan bien de los que en su lugar envían con la gente que no haga muchos yerros, por donde da causa a perderse él o todos los que van con él, porque no se les da mucho por lo que cumple a todos y lo que más procuran de hacer es de darse al vicio y excusarse lo más que puedan del trabajo (...) Yo, Señor he procurado de continuo de hacer que todo lo que sea habido hasta de lo hacer muy bien repartir, así el oro como guanín y perlas, sacado de los que pertenece a vuestra muy real alteza, como todas las otras cosas, así de ropa como de cosas de comer que el oro, porque teníamos más oro que salud, que muchas veces fue en muchas partes que holgaba más de hallar una cesta de maíz que otro de oro, de tantocertifico a vuestra muy real alteza, porque a la continua nos ha faltado más la comida que el oro, de tanto certifico a vuestra muy real alteza que si yo no hubiera procurado de andar con mi persona delante de todos a buscar los mantenimientos para los que iban conmigo y para los que en esta villa quedaban, que fuera maravilla quedar ni estar en esta villa, ninguno ni en esta tierra, si Nuestro Señor milagrosamente, no quisiera obrar de misericordia con nosotros, la maña que he tenido en el repartimiento del oro que se ha tomado ha sido, que se ha dado a los que lo han ido a tomar dando a cada uno según su persona, quedando todos satisfechos y contentos: de las cosas de comer todas alcanzan parte aunque no vayan a entrar.

Libros a la carta

A la carta es un servicio especializado para
empresas,
librerías,
bibliotecas,
editoriales
y centros de enseñanza;
y permite confeccionar libros que, por su formato y concepción, sirven a los propósitos más específicos de estas instituciones.

Las empresas nos encargan ediciones personalizadas para marketing editorial o para regalos institucionales. Y los interesados solicitan, a título personal, ediciones antiguas, o no disponibles en el mercado; y las acompañan con notas y comentarios críticos.

Las ediciones tienen como apoyo un libro de estilo con todo tipo de referencias sobre los criterios de tratamiento tipográfico aplicados a nuestros libros que puede ser consultado en Linkgua-ediciones.com .

Linkgua edita por encargo diferentes versiones de una misma obra con distintos tratamientos ortotipográficos (actualizaciones de carácter divulgativo de un clásico, o versiones estrictamente fieles a la edición original de referencia).

Este servicio de ediciones a la carta le permitirá, si usted se dedica a la enseñanza, tener una forma de hacer pública su interpretación de un texto y, sobre una versión digitalizada «base», usted podrá introducir interpretaciones del texto fuente. Es un tópico que los profesores denuncien en clase los desmanes de una edición, o vayan comentando errores de interpretación de un texto y esta es una solución útil a esa necesidad del mundo académico.

Asimismo publicamos de manera sistemática, en un mismo catálogo, tesis doctorales y actas de congresos académicos, que son distribuidas a través de nuestra Web.

El servicio de «libros a la carta» funciona de dos formas.

1. Tenemos un fondo de libros digitalizados que usted puede personalizar en tiradas de al menos cinco ejemplares. Estas personalizaciones pueden ser de todo tipo: añadir notas de clase para uso de un grupo de estudiantes, introducir logos corporativos para uso con fines de marketing empresarial, etc. etc.

2. Buscamos libros descatalogados de otras editoriales y los reeditamos en tiradas cortas a petición de un cliente.

Printed in Poland
by Amazon Fulfillment
Poland Sp. z o.o., Wrocław

69735798R00018